태양의 애인

이은유 시집

시인동네 시인선 035   이은유 시집

태양의 애인

시인동네

시인의 말

더 부드러워지고
더 단단해지고
더 깊어지도록

시를 다독이며 살아가는 것이
이토록 아름다운 것일까

오랜 시간이 흘렀다
꽃 같은 침묵이 흘러가고 있었다고 말해야 하나

시에 대한 예의를 갖추고 싶다

2015년 유월
이은유

태양의 애인

시인의 말

차례

제1부

어떤 노래 · 13

나에게 오는 계절 · 14

햇빛의 말을 들었다 · 16

하관이 닮은 사람 · 18

청주 · 20

절벽 · 22

먼지의 힘 · 24

속도 감정 · 26

저물 무렵, 격포 · 28

가죽치마를 입은 밤 · 30

지붕 위의 남자 · 32

돌아오다 · 34

당신이 나를 부를 때 · 36

빛의 속살 · 38

제2부

목련꽃 주차장 · 41

고요에 숨다 · 42

낯선 풍경 · 44

인연 · 46

그 남자의 머리칼 · 48

지평선을 지나다 · 50

처여가스버스 · 52

봄날 · 54

짧은 치마의 시절 · 56

청풍정 연가 · 58

괜찮아 · 60

새로 생겨난 길 · 62

한 사람을 따라갔다 · 64

다시, 스물세 살 · 66

제3부

그곳과 이곳 사이 · 69

태양의 애인 · 70

적벽강 · 72

식물성 약속 · 74

벽에 울다 · 76

다시 간월도에 가시거든 · 78

우렁각시 · 80

언제나 내륙 · 82

그림자 진다 · 84

나뭇잎을 묻혀오다 · 86

눈 오는 날 · 88

생의 간극 · 90

꽃 소식 · 92

제4부

당신, · 95

문 없는 문 · 96

몹쓸 연애 · 98

먼지의 원무(圓舞)를 보는 일로
일생을 바칠 수도 있다 · 100

화요일에 감사한다 · 102

거울은 가을이다 · 104

나무의 기운 · 106

주의사항 · 108

루드베키아 · 109

오래전 당신은 새였다 · 110

가문비나무의 눈빛을 발견했다 · 112

소리 피는 나무 · 114

비가 오면 · 116

12월 · 118

해설 사랑의 시니피에를 찾아서
　　　이형권(문학평론가) · 119

제1부

어떤 노래

비가 왔죠
풀잎도 고개를 들었죠
손바닥을 내밀어 봐요
빗방울 속에 톡, 톡, 톡 장미 넝쿨이 번지죠

비가 왔죠
내 눈동자를 들여다봐요
이마에도 톡, 톡,
입술에도 톡,
장미향이 번졌죠

오늘은 장미의 날
장미를 주세요,
빗속의,
달콤한

나에게 오는 계절

   새순이 돋고 잎이 나고 무성해진 잎사귀들이 무수히 반짝거리는데
   수만 가지 설렘이 저토록 나부끼는 것을
   그걸 여태 몰랐습니다
   잎사귀가 커질 때마다 두근거렸던 것을
   가지를 다 덮은 잎사귀들이 풍성한 머리를 흔들 때마다 벅차오르던 것을
   그걸 여태 몰랐습니다
   바람에 몸 뒤척이는 잎사귀들은 수많은 종소리를 냅니다
   종소리를 듣고 나서야 나뭇잎의 움직임을 보았습니다
   나뭇잎이 내는 종소리들
   비에 젖는 잎사귀들
   빗방울이 아니고서는 잎사귀가 자라는 모습을
   바람이 아니고서는 나무가 내는 그 소리를 보고 듣지 못했을 겁니다
   빗방울이 내는 소리를 들으면 잎사귀의 떨림이 느껴집니다
   나뭇잎을 보고 있으면 잎사귀들의 종소리가 들립니다
   바람이 불고 비가 내리기 전에는 알지 못했습니다

그걸 여태 몰랐습니다
그것이 나에게 오는 계절이었다는 것을

햇빛의 말을 들었다

햇빛이 비치는 창가에 앉은 건 햇빛의 이끌림 때문이었다
그렇다고 햇빛에 초대받았다고는 말할 수 없다
어둠과 내통하다 잠시 햇빛을 염탐했을 뿐
아마 초대받았다고 해도 불청객에 지나지 않았을 것이다
햇빛은 어깨 위로 어지럽게 내리쬐었다
젖은 마음을 널어 말리던 살균 소독의 날들
아무것도 들을 수도 볼 수도 없던 때가 있었다
언제부터였을까
햇빛이 내시경처럼 뚫고 들어오는데도 피할 수가 없었다
자꾸만 햇빛이 무어라 소곤거리는 것이었다
그날 햇빛의 말을 들었다
각도를 달리하며 내리꽂히는 말들
햇빛의 수다에 귀가 따가웠다
햇빛이 얼굴 위로 쏟아질 때는 달콤한 졸음에 잠기기도 했다
햇빛이 왜 나를 이곳까지 이끌었는지 알겠다
어느 날엔가 이곳에 앉아 햇빛 한 모금 받아먹고 출렁거린 사람 있었을 것이다
그가 흘린 눈물 한 방울 한 숨 한 가닥 햇빛 속에 묻어 있었다

서서히 실어증 걸린 시간들이 몸 푸는 소리를 냈다
오래도록 이 자리에 앉았다 간 이의 숨소리가 깊었다
햇빛이 그 말을 전해 주었다

하관이 닮은 사람
—풍세*를 가다

농사가 썩 잘된 해라는 지명보다
바람이 부는 세기를 먼저 떠올리게 되는 그곳
풍, 풍, 발이 푹푹 빠지고
발음도 푸, 푸, 새어나가는 풍세
비옥한 땅에 풍년이 든다는 곳
그곳까지는 생각보다 멀다
먼 사랑은 남루하다
풍세엔 당신이 있어
여러 겹으로 옷을 껴입어도 마음은 늘 춥다
백 년 전에 죽은 남자를 위해 수절하고자 하는 여자는
이승에서 등이 굽은 목어처럼 말이 없다
풍세에서 말이 많은 당신은 후세를 기약할 사람
전생에서조차 스치지 못한 인연이었을까
유독 날렵한 하관이 닮아서 잘 어울린다는 말이
마치 가난하다라고 들려서
지척에 두어야 할 사람
면발이 굵은 칼국수를 먹으면서
들깨인지 해물인지 도통 관심이 없고

낭만파보다도 현실 감각이 떨어지는
눈물이 헤픈 그대여
내 사랑은 실용주의
꽃보다 밥에 더 가깝다
어깨에 내려앉은 낙엽을 보고도 본체만체
돌아갈 길부터 걱정한다
풍세에는 낙엽이 풍년
당신을 풍세에 두고
결정적으로 낙엽은 손에 들고 오는

＊풍세 : 충청남도 천안시 풍세면.

청주

그의 기억 속에 여자는 청주에 있다
그를 떠나버린 여자지만
이미 잊은 여자지만
어디에서고 여자 이름을 듣게 되거나
누구에게고 여자 소식을 알게 되어도
그에게 여자는 청주에만 있다
이젠 그의 몸에 살이 붙고 배가 나왔어도
그 여자와 함께하면
비쩍 마른 몸에 퀭한 눈을 끔벅이던
수척한 스무 살의 겨울이 온다
고등학교 친구들 모임에 묻혀서 온 여자
청주의 밤을 하얗게 밝히던 그날
한동안 침울하게 있다가
술이 들어가자 깔깔 웃어대던 여자
살포시 그의 어깨에 머리를 기대고
와락 안기던 당돌한 여자
이제 그에게 마음의 불씨 조금씩 타오르지만
이미 되살리기에 너무 늦은 때

그 여자 지난날의 열정 사그라지고
세월과 함께 원숙하게 자리를 잡고 있다
그가 일과를 보내며 발 딛고 있는 곳에
꽃이 피어나고 낙엽이 지고 눈이 내려도
여자가 있는 청주는
언제나 가슴이 싸한 한겨울 밤
그가 여자를 버렸지만
그의 전부에 들어와 버린 여자
그의 기억 속에 여자는 청주에 있다

절벽

절벽 위에 핀 꽃을 보았다
처음에 꽃에 이끌려 가까이 다가갔을 때
그 꽃이 절벽 위에 피었다는 것을 알지 못했다
향기도 없는 꽃이 내뿜는 어떤 아름다움 때문이었는지
아찔한 그 무엇이 나를 그곳까지 이끌었는지
정작 향기는 돌담의 옥잠화에서 풍겨왔는데
그 꽃은 절벽이 새겨놓은 정신의 열매였을까
그렇다면 나를 부른 것은 꽃이 아니라
절벽이었을 거라는 생각이 들었다
내 생활도 때때로 절벽이 되기도 한다
늘 구석으로 치달으니 절벽이었을지 모른다
마음에 응어리를 품고 모서리로 내몬 사람들에게도
칼날을 세워 모질게 깎아내리곤 했던 내 자신에게도
절벽이었을 것이다
꽃을 보고 난 다음 절벽을 보았을 때
순간 눈을 피하고 몸을 돌려 돌아서려 했던 것을
나는 기억해야 한다
절벽과 내가 닮아 있다는 이유로 절벽을 외면하려는 것과 다

르지 않다

　절벽은 바로 내 자신이었던 것이다
　절벽이 미련이거나 저항일 거라는 생각을
　절벽을 바라보면서 했던 것 같기도 하다
　절벽 위에 꽃을 피우기도 하니
　절벽이 끝은 아닐 거라고 깨닫기도 했다
　바닥을 쳐야만 절벽에 닿을 수 있다는 것을
　절벽 위에 핀 꽃이 멀어지고 있을 때에서야 알았다
　채워지기 위해 바닥은 드러난다
　나는 빈 몸이 되었다
　땅을 쳐야 비로소 절벽이 세워진다는 것을
　모든 것을 잃고 바닥이 되어서야
　꽃이 지고 난 후 나중에서야 알게 되었다

먼지의 힘

집 안의 딱지처럼 굳은 먼지를 발견하는 데 십 년이 걸렸다
처음엔 흰 날개로 부유하다가 소리 없이 내려앉았을 먼지들
쌓이고 쌓여서 회색으로 변한 포개어진 먼지들
창틈 모서리 그리고 맨 꼭대기
잘 보이지 않는, 손이 미치지 못하는 곳에
한 십 년쯤, 먼지들은 시간의 습기로 검은 돌처럼 붙어 있었다
놀랍고 무서운 먼지의 힘한테 나는 질질 끌려 다녔다
닦아내지 않은, 먼지와 살아온 십 년 동안 묵은 때는 진화했구나
딱딱하게 굳은 먼지는 잘 닦아지지 않았다
그것은 내 생의 허점일지 모른다는 생각이 들었다
쉽게 발견되지 않는 내 안의 허점들
오래도록 발견되지 않은 먼지들이
집에 들른 사람들 눈에는 금방 발견되는 것처럼
남들이 아는 허점도 나는 모르고 살아온 것이다
잘못 살아온 날들, 잘못 생각한 것들, 잘못 내뱉은 말들
딱딱한 먼지보다 내 안은 더 검게 진화했을 것이다
캄캄한 심해보다 더 어두웠을 것이다

누군가에게 나도 먼지로 가라앉아 있을 거라고
나의 허점도 미세한 입자에서 거대한 암석으로 굳어 있다고
먼지는 가르쳐주고 있었다

속도 감정

10월에는 많이 만났다.
여름에는 그만 만나자.
민물에서는 맨발로 빠져들고 싶은 거야.
그러니 바다에 가서
제자리멀리뛰기 따위는 하지 않았으면 해.
내 뼈는 간헐적으로 관절염을 앓지만
아직은 우울하지 않아.
엄마는 교육열이 높았어.
금방 직립의 기능을 회복할 거야.
노랑등대*에서 만나.
내가 거기에 없어도
나는 항상 거기에 있을 거야.
느리게 걸어도 침묵을 따라잡을 수는 없지.
강바람을 달리며 이미 추위에 떨었어.
불안이 신용불량처럼 들이닥친다면
결코 속도에도 얼어 죽지 않을 거야.
애인이고 싶은 압류된 시간아,
노랑등대로 와,

햇빛은 그냥 놔둬.
제멋대로 자라도 경계를 넘지는 않으니까.

---

*노랑등대 : 평택호 자전거도로 쉼터.

저물 무렵, 격포

그대를 찾아 바람 앞에 서성거릴 때
멀리서 햇빛은
푸른빛이었다가 붉은빛이었다가
후박나무 잎사귀로 왔다가
산수유 열매에 맺혔다가
모르는 척 내 옆을 스쳐 지나갔지

그림자 어룽거리는 그 가느다란 떨림은
히말라야시다 향기처럼
마른 국화향기처럼 번지는
당신의 뜨거운 입김이었지

어느 고른 숨결에 호흡할 수 있을까
가슴 시린 한 마디
석양 위를 날아가는 새처럼
그대가 있어 오래 오래 아파야 하겠지
몇 날 며칠을 그리워하며
우리는 또 그렇게 살아가겠지

그대에게 향하는 낮은 속삭임이려니
빛이 스러질까봐
붉은 입술 깨무는 저물 무렵
당신의 눈빛이 지고 있었지

가죽치마를 입은 밤

가죽치마를 샀다 고독한 동물 냄새가 났다
고독은 공격성과 폭력성을 내포한다 그러므로 광폭하다 동물적이다

가죽치마를 사 준다던 사람이 있었다
왜 하늘하늘한 쉬폰이 아니고 거친 가죽이었을까
그 사람은 투사나 폭군이 되고 싶었는지 모른다
아니면 내게 숨겨진 난폭함을 알아챘는지도 모른다

가죽패션이 어느 해부턴가 유행이 되었다
이제 가죽을 입은 사람들에게서 불안이나 반항을 읽을 수 없다

가죽치마를 입은 밤에 행패를 부렸다
그 밤에 무슨 일을 저질렀나
가죽치마를 입은 밤이면 스쳐간 사람들이 모조리 보고 싶다

한 마리 검은 짐승이 울부짖는다
미안하다, 가루를 뒤집어쓴 밤의 문장이 난독증을 앓는다

용서해다오, 난동을 부린 밤이여

그 밤에 무슨 일이 있었나
와장창 그물망을 뚫고 지나갔는데
모든 안경이 입술이었으면 좋겠다고 주먹을 휘둘러 벽을 때려눕히자
배꼽에서 주석을 단 일주일 동안의 비가 쏟아져 나왔다

그 밤을 다 토해내고 싶다
한 마리 서글픈 암소가 눈동자를 밟고 가던 어느 날 밤의 일이었다

지붕 위의 남자

남자가 지붕 위를 걸어간다
주먹밥처럼 매달린 수국이 그의 발밑에 떠 있다
남자는 하늘 위를 올라가고 싶은 내 마음을 훔친 게 분명하다
그 집은 저수지를 바라보고 있다
언젠가 그 집의 창가에 앉아 어머니를 떠나보낸 친구와 술잔을 기울인 적이 있다
그때 불빛에 죽은 이의 영혼이 눈동자처럼 반짝이는 것을 보았다
하늘로 간 지상의 별들이 물빛 위를 떠돌고
굴뚝에서는 연기가 펄럭였을 것이다
남자가 지붕 위를 성큼성큼 걸어간다
양떼를 불러 모으는 목동처럼 손엔 나팔을 들고 있다
얼마 전 지붕 위를 올라간다는 남자를 알았다
그 후 내 머리 위에는 수많은 지붕이 얹어져 있곤 했다
그러다 지붕 위의 남자를 본 건 우연이다
지붕 위의 남자 나팔을 분다
남자의 발아래 그가 밟고 올라간 지상의 것들이 서로 알은 체를 한다

남자의 나팔 소리 세상의 모든 인연을 불러온다

돌아오다

새벽 강가에 피어오르는 물안개를 바라보며
몸은 차츰 젖어들었네
깃털을 털며 날아오르는 새
몸은 자꾸 가벼워지고 싶었네
바람에 흔들리는 미루나무 잎새처럼
방랑은 시작되었네
젖은 몸이 마르기를 기다리는 동안
눈동자에 비늘이 떨어지는 흔적을 종종 들켰네
내부가 출렁이는 소리
살갗이 연소하는 냄새가 사방에 흩어졌네
햇빛 타는 냄새를 아주 조금 맡을 수 있었네
내 방랑은 끝이 없었네
한때 비늘 떨어진 흔적을 알아챌까봐
눈동자를 피한 적이 있었네
수군대는 것이 두려워
일부러 돌아서 갔네
가시 돋친 꽃밭에 영혼을 맡기기도 했네
핏빛으로 물든 만신창이 날개

몸은 수분을 채우느라 수시로 수신음이 울렸네
눈동자에 물그림자 어룽지네
가벼워지지 않아도 방랑은 계속되었네
내가 눈동자를 감싸네
나 돌아오네
나 이제 돌아오네
돌아와 보니 알겠네
젖어도 햇빛 타는 냄새 내 안에 가득하다는 것을
나는 이미 무장해제 되었네

당신이 나를 부를 때

어디서부터
그 이름이 들려왔는지
메아리였는지
바람의 입김이었는지
나를 부르는 소리
그 소리

오래전부터
누군가에게
불려지기를 바랐던 것처럼
들꽃 한 송이
누군가의 눈길을
기다렸던 것처럼
꿈결인 듯
꿈결인 듯
들려옵니다.

창가에 새 한 마리

오래도록 울다 갑니다.
음악은 저편에서
당신의 숨소리는
이편에서 들리듯이
당신이 나를 어루만지듯
나를 부르는 소리
멀리서
멀리서
들려옵니다.

빛의 속살

불을 켜면 보이지 않는다 눈이 멀기 때문이다
나무의 속살을 보기 위해 어둠 속에 서 있다
불빛 속에서 나무는 보이지만
나무의 그림자는 보이지 않는다
어둠 속에 있을 때 나무는 자기의 내부를 드러낸다
자신의 내면을 보지 않고서는 나무의 내부도 볼 수 없는 법
수많은 잔가지 부드럽게 드러내는 나무의 속살이 비치면
빛의 속내를 이내 엿볼 수 있다
나무의 외부는 빛의 눈부심 속으로 사라지고
그림자의 내면에 나무의 내부가 있다
속살, 속살거리는 나무의 내면에
간들, 간들거리는 빛의 속내를 감지하기까지
어둠에 익숙해져야 한다
나무의 통로 어디쯤에 빛과 혼음하고 있는 어둠이
그림자를 지게 한다는 것을
그림자의 내면에 빛의 속살이 숨어 있으리라는 것을
나무의 외부는 보지 않아야만 비로소 눈치챌 수 있다

제2부

목련꽃 주차장

실례가 많았습니다, 무심결에
당신에게 들어와 버렸습니다
염치가 없었습니다, 당신의 그늘이 하도 깊어
그만 무턱대고 찾아왔습니다
하루 일과를 마치고 돌아와 보니
거기 서 있는 당신,
나는 차를 당신 곁에 세워두었군요
나의 무심함을 그제서야 깨닫습니다
양해를 구하지 않은 점, 용서를 빌려는데
어깨 위로 툭 떨어지는 꽃잎, 꽃잎
다음부터는 그냥 지나치지 말라는 말로 듣겠습니다
오늘 하루 평안하였습니다, 감사 인사를 하며
당신을 올려다볼 때
환한 입술 수줍게 오므리던 당신,
당신은 천리안을 가지셨군요
은근슬쩍 당신 곁을 차지하지 않아도
나에게는 이미 당신이 들어와 박힌 걸요
부디 이 무례함을 용서하시길

고요에 숨다

얼마를 비워내야 바닥까지 가는가
바닥에는 차고 깊고 맑은 소리 들려온다 했다
아직 멀었는가
지난 소란스러움이 남아 발밑에서 사각거린다
나뭇잎들은 떠도는 꿈처럼 햇빛 속에 매달려 있다
바람이 스쳐간다
나뭇잎들의 숨결을 흔드는 것
오랜 불면에서 일어나 잠자듯 깨어 있는 것
저 바람이 고요다
바람을 아는 나무는 바닥에서 자란다
그곳에 고요가 있다
고요가 숨는다는 은적암(隱寂庵)
내가 고요 속에 숨는다
바닥에 이르러야만 고요는 차오른다 했다
내가 고요한 것인가
여기가 고요해서 내가 고요해진 것인가
아, 아직 멀었다
고요도 들어차지 않았는데

어찌 고요를 숨길 수 있겠는가
내 안에 차오르는 물소리 들린다
산길을 내려가는 등허리에 고요는 머물러 있는가
…… 고요하다 …… 고요하다
고요하다 …… 고요하다
이 고요가 내 고요인가 아닌가
이것이 고요인가 아닌가

낯선 풍경

꽃잎이 떨어졌다는 걸 바람이 알려주고 갑니다
후회는 이별보다 늦게 오는 법
이별은 바람보다 더 빨리 찾아옵니다
내가 구름이 되었다가 꽃이 되었다가 새가 되는 어느 상승의 날에
바람 부는 밤 말이 많아진 당신보다 내가 더 단단해지는 것처럼
더 이상 그대는 익숙한 풍경이 아닙니다
당신의 눈빛은 흔들리듯 떨리고 있겠지만
내가 바라보는 세상은
연초록의 잎사귀이거나 진분홍빛 꽃잎이었던 것처럼 늘 어긋나 있습니다
잎이 시들고 꽃이 진 후의 이별은 바람보다 더 빠릅니다
당신은 하늘을 올려다보겠지만 나는 꽃잎이 별이 되겠구나 생각할 것입니다
당신은 빗소리를 들으며 저녁을 생각하겠지만
나는 햇빛에 부서지는 오후의 강물을 바라보고 있을 것입니다
당신은 멀리 바다에 가 있겠지만

처음부터 약속이 없었던 것처럼 우리의 미래는 물안개에 덮여 있습니다
한때 나도 낙엽이나 꽃잎 같은 걸 모은 적이 있었습니다
당신은 언제나 구름을 피웠다가 꽃을 피우다가 하겠지만
이미 늦은 저녁이 와서 새들이 상처를 물고 가고
어스름은 꽃물처럼 번져 나에게만 물들 뿐
나는 그대에게 가지 못합니다
구름에 바람을 불어넣는 나보다 당신은 더 여리기 때문입니다
옹골차게 뭉쳐진 나도 진흙이 되지는 못합니다
서툰 것은 당신만이 아니었습니다

인연

다음 생이라는 말
이생이라는 말
전생이라는 말
선암사 요사채 툇마루에 앉아
스님으로부터 듣던 말
우리는 길 위에서도
차 안에서도
그렇게 웃었고
밥을 먹으면서도
술 한 잔을 마시면서도
웃고 얘기하고 웃고 또 그렇게 웃었지만
이토록 눈물이 나는 것을
이토록 눈물겨운 것을
그대를 만나면
그대와 함께하면
자꾸 웃었고
자꾸 웃음이 나왔고
그랬는데

그랬는데 자꾸 눈물이 나오고
자꾸 울고 싶은 것은
그때부터였어요
당신을 읽은 그 후부터
당신이 나를 쓴 그 순간부터
슬픔이 들어와 버린 걸요
몹시 외로웠을 테지요
오롯이 당신이었던 것
오롯이 당신이었던 것
거친 숨 몰아쉴 때마다
나부끼던 산딸나무 잎사귀는
일렁이던 갈대밭은
당신의 처음, 당신의 울림, 당신의 떨림이었을 거예요

그 남자의 머리칼

유난히 말수가 적었던 남자
알고 보니 여자 앞에서만 말을 아끼던 것이었다네
말이 없는 사람인 줄만 알았을 때는
여자에게 관심이 없다고 생각했는데
언젠가 불현듯 여자에게 던진 한마디는
여자 마음을 몹시도 어지럽혔네
묻지도 않은 말을 혼자서 질문하고 대답하고
물었던 질문을 다시금 물어보는 그 앞에서
여자는 안 들은 척 시치미를 떼고 싶은데
이상하게도 그의 말이 메아리처럼 파고 들었네
남자의 목소리는 파르르 떨렸고
여자를 바라보는 눈빛은
나뭇가지에 앉았다 날아가는 새의 자취를
오래도록 붙들고 싶어 하는 나뭇잎이 몸을 떨듯이
간절히 간절하게 젖어 왔다네
그 모습에 훅 웃음이 터진 여자 앞에서
이마 위로 앞머리를 쓸어 올리던 그 남자
그때 여자는 남자의 외로움을 보고야 말았다네

여자의 메마른 가슴을 스치고 지나간 가을빛 같았네

그 후 여자는 급격히

하고 싶은 말이, 해야 할 말이 소용돌이쳤네

오래지 않아

남자의 외로운 이마와 젖은 눈빛이 태생이라는 걸 알게 되었지만

나뭇가지에 걸린 낮달이 허상인 줄 알았지만

여자는 무심결에 가을의 그늘을 사랑하게 되었다네

가을이라서,

그만 가을이라서 그랬네

지평선을 지나다

지평선이 가까워졌다
창내 입구
창내리*에 들어서기 위해서는
구부러진 길을 맞닥뜨려야 한다
비탈진 곳에 이르러서야
비로소 휘청거리게 되는 곳
창내리는 별이 많이 뜨기도 하지만
지평선과 가까운 곳이다
지평선이 가까워질 무렵
몸이 기우뚱 출렁대기 시작한다
지평선을 지나지 않았더라면
내 흔들림을 알아채지 못한 채
출렁거리는 시간을 흘려보냈을 것이다
지평선이 아니었다면
출렁거리는 몸의 떨림을 감지하지 못했을 터
보고 싶을 때도 달려가지 못했으니
떠나보낸 사람이 많은 것이다
저 기울어진 길을 지나지 않았더라면

내 몸의 기울기조차 까마득히 몰랐을 것이다
단지 부딪히고 찍히고 긁힌 상처 부위를 보면서
모서리 탓만 했을 것이다
흔들림을 받아주는 곳
흔들림이 없었다면
지평선을 알지 못했을 것이다
지평선을 마주하고서야
내 몸이 둥글어진다는 것을 알았다
지평선을 멀리서 감지하고부터는
몸이 뜨거워지고
굽이치듯 떨리고
출렁거리기 시작한다
땅이 일직선으로 만난다는 그 지점에서
나는 물처럼 출렁거린다
땅과 하늘이 합일되는 그 순간에
굽히고 숙이고 기울어지면서
나는 둥글어지는 것이다

───────
* 창내리 : 경기도 평택시 오성면 소재.

처여가스버스

처여가스버스라 쓰인 버스가 한참을 머물러 있다
처음엔 천연가스버스였을 테지만
ㄴ받침을 빠뜨린 채 서 있는 처여가스버스
버스는 마치 나를 처여하고 지나가는 것 같아서
어딘가에 서늘한 것을 두고 온 기분이 든다
언제부터 저 버스는 처여가스버스가 된 걸까
한 글자씩 받침이 빠져나간 천여였다가 처연이 되었을까
아니면 동시에 ㄴ받침이 떨어져 처여가 되었나
받침을 잃어버린 버스는 헛발질을 하다
나를 치고 지나가
멀어져 가는 버스 뒤꽁무니에 대고 고래고래
소리를 질렀던 것도 같고
냅다 주먹을 휘두른 것도 같고
발 동동 굴러 애태웠던 것도 같다
그때부터 천여가 처녀로 바뀐 것 같기도 하고
처연하게 사랑하는 사람을 떠나보낸 것도 같다
한때는 나도 저 버스처럼 천연 사람이었을 텐데
집으로 가는 버스에 오르고

내릴 때쯤에서야 정류장에 놓고 온 우산이 생각나는 것처럼
돌아오지 못할 길에 눈알을 빠뜨린 채
나를 자꾸 치고 지나가는 것 같고
천여가 되바라진 처녀로 변해
누군가에게 질 나쁜 행실을 들켜버린 것도 같고
불 질러버린 것도 같고
그래서 처연해지고
그래서 버스는 처연하게 굴러가는 것만 같다
천연 시절을 그리워하는 사람처럼
머뭇머뭇 주춤거리며 서 있던 버스가 지나가고 있다

봄날

해가 뜨고 해가 지는 일기엔
비가 오고 눈이 오고 바람이 불어도
아무것도 기록되지 않았다
새가 울고 꽃이 피어나기를
몇 차례
번잡한 상가 골목을 걷고 있을 때
소음으로 가득 찬 내 귀에
한 주점의 문 위에서
풍경 소리가 들려왔다
그때 풍경의 물고기가 내 가슴으로 뛰어들었고
이후 불면이 시작되었다
누우려고 하면
풍경이 몹시 흔들렸다
당간지주의 문이 열리고
일주문을 지나면 금강문이 나오고
다음엔
천왕문에서 사천왕을 만나곤 하였다
그날 풍경 소리를 들었다

해가 뜨고 해가 지지 않는 일기엔
수없이 물고기가 파닥거렸다
나에게 봄날이 찾아왔다

짧은 치마의 시절

길바닥에 넘어져 무릎을 깼다
상처가 아무는 시간들
딱지가 앉기까지
새살이 돋아 떨어지기까지
그 오래고 오랜 시간들
딱지가 벗겨진
붉디붉은 속살엔
듬성듬성 검은 점막이 생기고
그 자국 허물 벗는 뱀처럼 징그러워
차마 들여다보지 못하고
얼른 거즈로 덮어버리는데
짧은 치마의 시절은 갔는가
무릎에는 시커멓게 흉터가 새겨져
짧은 치마는
더는 입어보지 못하겠지
얼굴이며 손등이며 무릎이며
새로 생기는 자잘한 흔적들
겨우 내가 한 일이란

상처를 달아준 일
몸에 상처를 새긴 일

청풍정 연가

시대의 풍운아 김옥균과 기생 명월이의
가슴 아픈 사랑이 전하는 곳,
청풍정
그곳에는
속절없는 세월도
애끓는 사랑이 된다지

혁명은 외로운 것,
절벽 아래 몸 던지고
망명길에 오르고 싶을 만큼
절절이 가슴 시린 날 있거든
청풍정에 가보라지

누구나 이룰 수 없는 사랑 하나쯤 있어
푸른 바람에 붉은 울음 쏟아내고야 말 거라네
물이 만수위에 이를 때는
물빛이 애타게 끌어당겨 빨려 들어갈 것 같은
청풍정

그곳,
청풍정에 가서는
눈물이 확 차올라
누군가와 눈이 마주치거나
누군가가 말을 걸어온다면
간절한 손길에 이끌려
치명적인 유혹에 빠져버리게 될 거라네

괜찮아

눈이 내려요
아니 눈발이 날려요
눈송이가 아니라서 가혹한 눈발이
쌓이지 못하고 흩어져버리는
세상에서 가장 가혹한 눈발이 날려요

흰 나비 떼였다면
팔랑팔랑 가뿐한 웃음이겠지만
저 사라질 눈발들은
그치다 그치다가 말겠지요

창가의 낯선 두드림처럼 집에 들어가지 못하는
저 눈발들은 집으로 돌아가지 못하고
집에 왔다는 말
집이라는 말
세상에서 가장 슬프게 들려요

저 눈발들은 어디로 사라질까요

그 흩날리던 눈발들은 다 어디로 사라졌을까요
눈송이가 아니라서
흰 나비 떼가 아니라서 가혹한
성깃성깃한 눈발이 형벌처럼 날려요

저 눈발들은 서러운 눈물이 되겠죠
흰 눈은 되지 못하겠죠
당신을,
당신을 가질 수는 없겠죠

새로 생겨난 길

새로 생겨난 길은 생각을 덮어버린다
있던 길 위에 엎어져 새로 생겨난 길은
생각을 지워버린다
없어진 길을 지워버린다
새로 생겨난 길은 길을 업고 있지만
생각은 생각을 업지 못한다
길이 없어지면서 생각도 사라졌다
새로 길이 생겨나면서 생각을 밀어버렸다
새로 생겨난 길은 생각이 생각나지 않게 한다
없어진 길만 생각나게 한다
새로 생겨난 길은 원래 있었던 길
길은 없어진 것이 아니라 새로 생겨난 것뿐인데
새로 생겨난 길 위에서는
길이 없어졌다는 생각만 든다
더 이상 생각이 생겨나지 않는다
길은 생겨나는데 생각은 과거로만 떨어진다
길은 앞으로 나아가는데 생각은 뒤로 멀어진다
없어진 길만 생각난다

길이 없어졌다고만 생각한다
길은 생겨나지만 생각은 죽어나간다

한 사람을 따라갔다

그 사람이 한 사람일 리는 없잖은가
오래전 마음에서 걷어내었던 그 사람이
어쩌자고 한 사람이 되어가는가
어쩌자고 그 사람을 따라가는가

발길은 왜 멈추는가
눈길은 어디로 쏠리는가
손길은 자꾸 가는가
그 사람에게 머문다는 것
그 사람처럼 된다는 것
그 사람을 따라가는 것

거기 없는 그 사람
어디에도 없는 한 사람

그 사람이 되어가는 그림자
내가 없는
내가 되어가는 한 사람

내가 없는
그림자가 되어가는 한 사람

그 사람이 이제 와서 한 사람일 리는 없잖은가
어찌하여 그 사람은 단 한 사람이 되지 못하는가

다시, 스물세 살

그런 시절이 있었지
날뛰던 만큼 상큼하던 때
그래, 그래도 그때처럼
여전히 선머슴 같은 나를 사랑할 테야
그래, 그때처럼
그런 나를 보고도 청순하다고 말해주는 남자가 있으면
백 일 정도는 살아줄 테야
나, 이제 발랄함은 온데간데없는 독기 빠진 여우
그러니 여우의 탈을 쓴 그저 천상 여자인 척하는 거지
다시, 스물세 살
그런 시절이 있었지
주머니에 가득가득 불안을 집어넣고 다니던 때
사랑에 기대어도 사랑을 불신하던 때
발톱을 세워 당신을 만나던 때
오래전 모습이지
당신이 기억할지 모르겠지만

제3부

그곳과 이곳 사이

햇빛은 남쪽으로 기울고 바람은 북방으로 불었지요
햇빛이 기우는 동안 그곳에는 꽃이 피었다지요

남쪽과 북방 사이의 거리는 새들이 날아간 자리
나비의 날개와 새의 젖은 깃털처럼
햇빛과 바람 사이는 멀기만 한데
내게 꽃은 아직 피지 않았으므로 일부러 불을 놓았지요
봄꽃이 피어나도록 불꽃을 피워 올렸지요

불길에 북방의 날씨는 따뜻해졌을까요
불꽃과 봄꽃 사이 남쪽과 북방의 거리는 가까워졌을까요

나는 기억할 것입니다
불길이 일어나는 동안 그곳과 이곳 사이
하역의 당신으로부터 여기까지

태양의 애인

평생 애인이 될 수 없다는 것에 대해서 생각한다

숲의 숙명은 태양 아래 그림자로 일평생을 사는 것
숲의 나무들은 조용하다
시큰둥한 구름이 흘러가는 동안 태양이 잠드는 소리 듣는다
바람에 살갗 비벼대는 나뭇잎은 귓속말로 속삭이다가
부스럭부스럭 소란스럽고
저녁나절 밀어를 나누던 새들은 시끄러운 아침을 시작한다
가까워진다는 것은 농담이 아니다
풀잎에 안간힘을 다해 매달려 있는 이슬방울은 거처가 불안하다
가까워진다는 건, 바짝 몸을 낮추다가
높게 되는 것
온몸 말라가며 피 흘리는 광합성을 원하지 않는다
엎어져 낄낄거리다가 돌아서는 명랑한 울음을 받아줄 뿐
안 보이는 곳으로 달아나지 않는 한 멀어지지 않는 법
이별을 생각하지 말아야 한다
태연하게 하늘이 내린 땅의 습기를

더 깊이 호흡하는 것
심장이 쿵쾅거릴 때 심해의 물고기들은 아가미를 닫고
꼬리지느러미 흔든다
수면 위의 난삽한 고요, 이건 시시한 농담이 아니다
질투라는 다른 이름이다
숲은 태양에 집착하지 않는 척한다
두려움에 맞서 태양에 더 가까이 접근하려고
나무들은 팔 벌려 고개를 쳐들고 귀 기울인다
질투로 무성해진 숲은 향기를 내뿜어 그늘 두꺼워지고
너와 나의 관계는 가까워질수록 높아진다
땅 위에 포복하여 납작해질 때까지

적벽강

  당신은 하늘에 번지는 노을처럼 빛이 스러지는 해거름 모습을 닮았습니다
  시퍼런 멍이 철썩이듯 부딪치고 돌아가는 물보라에도 핏자국 선연히 드러낸 당신의 붉은 가슴
  물이 빠져나가면 황토 같은 밑바닥이 드러납니다
  그때 당신은 더욱 더 붉어진다 했던가요
  얼마나 그리워해야 저리도 붉어질 수 있을까요
  당신의 가슴은 처음부터 붉은색이었을까요
  공중의 수중기는 햇빛을 받아 저물녘이면 하늘이 붉게 물들지요
  당신은 그 노을처럼 오래도록 푸른 바다만 바라보다가 땅에서의 노을이 되었던가요
  당신은 가까이에 있는 바다를 두고만 보고 멀리 노을빛을 닮아 하늘을 흠모합니까
  당신에게 왔다가 가는 파도치는 바다를 보십시요
  물굽이에 포말은 흰색이지요
  당신의 가슴도 한때는 흰색이었겠지요
  흰색으로 돌아갈 수 없으니 겹겹이 멍울져 붉게 되었던가요

당신은 이제 바닥까지 붉어졌습니다

밀려왔다 쓸려나가는 파도는 당신을 곤궁하게 만듭니다

얼마나 궁핍해져야 지금처럼 붉어질 수 있는 걸까요

뜨겁게 달아오른다는 말이 가난하다는 말과 비슷했었나 봅니다

멀리서든 가까이에서든 얻지도 구하지도 못하는 궁핍한 시대에

당신의 붉은 가슴을 보고 돌아서 가야겠습니다

식물성 약속

몸에 새겨진 숫자를 지우기 위해
식물성이 되기로 한다
질기고 단단한 육질을 씹다가
대기권 밖으로 밀려난 적이 있다
시무룩하게,
고작 열을 세지 못했지만 완성되지 못한 불운한
지구에서 가장 거대한 숫자 10
통로가 비좁은 계단에서 일곱 번째 인사를 나누고
새들은 돌아오지 않고
가파른 골목에서 여덟 번째 저녁이 오는 동안
난간의 고양이는 여름 사냥에 나선다
계절이 바뀌는 것은 동물성을 선호하기 때문이다
새들이 날아간 하늘 뒤편으로 날은 어두워지고
큼큼거리는 고양이의 발자국 소리 위로 비린내가 깊어가는
밤,
햇빛과 바람으로 떠오르는 동안
달콤한 미각이 일순간 사라져
계절이 지나간다면

열 번째까지 동물성을 피하기로 한다
만나는 순간 이별이 와서 가을부터 봄까지
후생을 기약하기에
아직 이별은 완성되지 못했으므로
여름이어도 겨울이어도 언제나 뿌리처럼
식물로 흘러가리라

벽에 울다

그 벽에 기대어 운 적이 있다
벽은 나를 위로해주었다
내 등을 토닥여주고 울음 끝을 잠재워 버팀목이 되어주었다
내가 툭툭 털고 일어났을 때 벽은 굳건히 서 있었다
어느 날 벽을 바라보다가 울었던 날을 떠올렸다
그 벽이 대견스러워 쓰다듬고 어루만져 주었다
그때 울컥 설움이 올라왔다
얼마 후 나는 울음소리를 들었다
그 벽이 울고 있었다
울음은 잦아들 듯 흐느끼다가
벽 전체가 흔들리는 통곡으로 바뀌었다
벽이 흐느끼니 가슴이 쿵쾅거렸다
잠재웠던 울음이 다시 살아났다
내가 펑펑 울어댔을 때 벽은 울음을 멈추었다
그제야 내가 벽을 위로해주었다
벽이 울던 그날 밤 꿈속에서 어렴풋이 알았다
집 밖을 뛰쳐나가
나무 밑에 쭈그리고 앉거나 벤치에서 울었을 때도

나무와 벤치가 더 서글프게 울었다는 것을
나를 위해 울어주었다는 것을

다시 간월도에 가시거든

눈 내리는 저녁 간월도에 가시거든
달은 보지 마시고 따뜻한 혀로 받아주던 바다만 기억하시길 바랍니다
서둘러 달을 찾게 된다면 내륙과 산간지방에서는 아무 소식도 없다는데
유독 서해안 일대에서만 눈이 퍼부었다면 먼저 꽃지 해변을 둘러보실 일입니다
꽃지라는 예쁜 이름은 잠시 잊어주시고 그다음에 간월도를 찾아가실 일입니다
부디 달빛을 보고 싶다면
당신이 품은 달을 꺼내실 일입니다
맑은 날에는 산제비나비 한 마리도 볼 수 있겠지요
눈부시게 햇빛 속으로 날아가는 산제비나비는 제 몸이 뜨거워서입니다
당신의 젖은 날개로 달빛을 머금었으니 바다 위에서는 더 이상 달은 뜨지 않을 것입니다
꽃즙을 핥아먹고 찬 이슬에 젖은 몸을 씻기면서
누군가는 당신을 보고 달을 품고 돌아갈 테지요

눈 내리는 저녁 간월도에 가시거든
당신이 품은 달을 꺼내 두둥실 떠오르는 것을 보고 오실 일입니다
당신이 바로 휘영청 밝은 달이 되는 것을요

우렁각시

언덕배기 제일 높은 곳에
그림처럼 있는 집
그 집 황토방,
아궁이에 쪼그려 군불 지피는 남자의 참한 아낙이 되어* 살겠네
말없이 나긋나긋한 남자의 그림자로 살겠네
언제나 잔물결같이 고요하기만 하겠지만
어쩌다 격랑이 몰아칠 때면
자신도 모르게 되바라져 불처럼 타오르겠네
남자가 텃밭에 나가 씨를 뿌릴 때면
툇마루에 배 깔고 누워 거드름도 피우겠네
한없이, 한없이 게을러져서
밥할 생각은 안중에도 없고
남자가 일 마치기만을 기다려
수건을 탁탁 털며 들어서는 순간
막걸리나 퍼마시자고 하겠네
때로는 살림은 뒷전인 채
느릿느릿 하루하루를 보내다가도

산골의 외로움에 울먹울먹 떼라도 쓸 양이면
땀내 나는 가슴팍에 안겨 질펀한 잠에 빠져 들겠네
남자, 토닥토닥 등을 토닥여주기라도 한다면
더할 나위 없이 좋겠지
다소곳하고 여리기만 한 여자
남자에게만은 칭얼대고 보채는
철없는 아낙이 되어 살겠네

---

* 김사인의 시 「부뚜막에 쪼그려 수제비 뜨는 나 어린 처녀의 외간 남자가 되어」에서 차용.

언제나 내륙

초승달이 북으로 떠났다고 했습니다.
북쪽이라는 말,
슬픈 말입니다.
초승달은 보이지 않고
당신은 남쪽에 있고
나는 북쪽에 있습니다.

북쪽에서는 남쪽을 그리워하듯
남쪽이라는 말,
당신의 숨결처럼
따뜻한 말입니다.

울음이 목까지 차올라
뜨거움을 쏟아내고 싶을 때에는
따뜻한 나라를 생각합니다.
언제나 내륙인 당신,
끈적한 바닷바람이 식은 몸을 휘감아 돕니다.

내가 언제부터 남쪽을 생각했는지
언제부터 몸을 남쪽으로 두었는지
내륙이 있을 때부터
거기,
당신이 있었기 때문입니다.

그림자 진다

창 앞을 기웃거리는
나무의 영혼이 있다
낮은 곳에 살면서
그림자 지는 것을 본다
어느 성소를 지나왔을
지상의 소리를 전하고
빛으로 두드리다 가는
나무의 인기척을 듣는다
손길을 건네듯
나뭇가지가 흔들리고
바람의 숨구멍이 터지듯
나뭇잎이 스스스스 떤다
뿌리의 숨결과
풀들의 뒤척거림을
바람의 입김으로 맡는다
끈적한 흐느낌을
그림자로 본다
나무의 그림자가 진다

그림자가 지는데
바람의 눈썹이 지고
지상의 입맞춤이
저녁 어스름에 머문다
입김이 지워지듯이
나무의 영혼이 지나가듯이
그림자가 진다
그림자가 지는 것을
서성거리다 본다

나뭇잎을 묻혀오다

신발 밑창에 나뭇잎을 묻혀왔다
나뭇잎을 묻힌 채
발은 무거운 것을 질질 끌고 다니면서
가벼운 것을 밟고 지나쳤다
맑은 물과 바람을 지나치고
사찰을 지나치고
학교 담을 지나치고
저택의 정원을 지나치고
척박한 날들이 불면으로 야위어가던
이따금씩
먹이를 탐색하러 오는 쥐와
서식했던 골방도 지나쳤다
무공해의 식물은 시들어가고
누군가는 병들어 골골했다
죽음을 묻혀오고
죄를 묻혀오고
썩어버린 식물의 주검은 육체보다 무겁고
숨 쉬지 않는 돌의 입김은

얼음창고의 수증기처럼 섬뜩했다
나뭇잎을 밟고 서 있는 무거운 생
내 생의 가벼운 담론은 나뭇잎을 밟고 지나쳤다

눈 오는 날

세상을 덮어버렸어요.
저렇게 하얗게,
저도 모르게 덮쳐버린 눈 속에서 속살들은
얼마나 아팠을까요.
아, 아아악, 비명도 지르지 못하고.

나도 그만 지워버렸어요.
무엇이 남았을까요.
당신이 남긴 발자국만 남았어요.
그냥 오시지 말지 그랬어요.
그렇게 가시지 말지 그랬어요.

보이세요.
당신이 디딘 발자국 밑에
눈이 흘린 통곡을,
당신은 진액을 묻히고 돌아갔잖아요.

댓돌 위에

당신이 신발을 벗어놓고 들어가면
눈은 밤새 당신을 그리워하다 울고 있을 거예요.
새벽녘이면 딱딱하게 결빙되어
당신은 댓돌 위에 붙어버린 신발을 떼어내느라
그 눈물을 탁탁 털어버리겠죠.

눈은 세상을 덮어버렸는데
나도 그만 지워버렸는데
통증만 남았어요.
그 겨울만,
눈 내리는 날만 까맣게 남았어요.
화석이 되어 박혔어요.

생의 간극

그곳에서는 차마 먹지 못했다
먹을 수 없었다
세 개의 모서리와 꼭짓점을 이루어 만든 삼각김밥
생의 지점에 들어와 죽음의 문을 나서는
이승의 운명을 넘나드는 것 같은 삼각김밥
삶과 죽음이 맞물리듯
죽음의 모양, 그대의 무덤이 되는 것일까
그대가 떠나고 없는 날
조문객들이 밤을 지새는 동안 먹었던 컵라면을
그날에는 먹고 싶지 않았던 컵라면을
오늘은 왜 삼각김밥과 함께 먹고 싶은 것인지
어느 먼 여행지에서 돌아와
후유증을 앓듯 생각나는 것들, 먹고 싶은 음식들
이상도 하지
부랴부랴 먹고 있는데도 맛은 하나도 없는데
자꾸 그날이 떠오른다
자꾸 그곳이 생각난다
꾸역꾸역 넘어가는 것이 상처일까 그리움일까

돌아갈 수 없는 그때를 오래 살고 싶은 것일까
굳이 돌아보지 않아도 저절로 돌아나는 뜬금없는 미각처럼
지워지지 않는
지나고 나서야 삶을 가르치는 오랜 흔적
생의 사이 사이에 무슨 일들이 있었나
머물고 싶은, 또 한 생이 지나가고 있다
삶의 그림자인 죽음
지금 조금씩 삶이 완성되는 죽음을 씹어 삼키고 있다
삶의 이면인 죽음을 천천히 받아들이고 있다

꽃소식

모란꽃 필 때 놀러갈게

안부 물어볼 사이도 없이
모과가 모란으로 잘못 읽히고
꽃소식 듣기도 전에
자꾸 사람이 지고
꽃이 지네

짧은 날,
일찍 지는 꽃이 불안한 걸 보니
아무래도
사람이 그리워지는 모양이네

제4부

당신,

중독성인 비,
중독적으로 내리는 비,
엄청난 비,
빗소리를 듣는 밤,
중독적이 되는 밤,
중독,
중독이 되는 밤,
비가 되는 밤,
저 빗소리,
저 빗소리,
대답 없는 소리.

문 없는 문
―DMZ에 가서

당신은 남쪽으로 내려가며 숨이 차오른다고 했다
가파른 계단을 내려갈 때도 발굽 아래를 오래 쳐다보다가
턱이 막혀 종종 무릎을 잃어버린다고
삼엄한 경계가 아니더라도
삼 년이나 십 년이 아니더라도
심장의 구멍이 숭숭 뚫려 데면데면한 표정을 지운다 해도
무장해제 되어 온 생애를 다한다 한들
어느 한쪽의 등을 바라보아야만 한다면
누구도 쉽게 잊히는 것이다
머리카락은 나뭇가지로 뻗고
몸은 검은 바위로 굳어
아슬한 눈빛이 눈물로 흘러가지만
기댈 수 없는 벽에 가로막혀 뒷걸음질치고 마는
새의 부리도 닿지 않는 천장 높이 솟은 강물을 어떻게 오를까
나뭇가지로 길을 내어 손목을 부여잡을까
구름은 당신과의 약속을 모른 체 하늘의 비상구를 넘어간다
과녁의 응시를 아랑곳하지 않는 궂은 날씨에도 방향의 조준
따윈 중요하지 않다

당신을 어떻게 지나갈 수 있을까
문 없는 문 앞에서 봉두난발로 서서 우는 수밖에
당신은 발목이 부러진 바람만도 못하다

몹쓸 연애

무작정 달려가고 싶은 이가 있었으면 좋겠다
아무 때나 그를 향해 마구 마구 치달았으면 좋겠다
책을 읽다가 책장을 덮어 팽개쳐버리거나
꾸역꾸역 밥을 먹다가 밥숟가락을 내던지고
느닷없이 차를 몰고 가거나 밤기차를 타고 가
자고 있는 그를 불러내 대책 없이 매달리고 싶다
그러나 아무런 준비 없이 나를 맞이한
부스스한 머리 모양을 하고
집에서 입고 있던 허름한 옷을 그대로 입고 나와
눈곱을 떼어내려고 눈을 비비대는 그를 보고 실망도 하겠지
내 마음엔 얼마나 많은 허공이 둥둥 떠다니는지 참혹하게 느끼겠지
한밤중이나 새벽녘에 전화를 받던
갈라진 목소리가 떠올라 몸서리도 쳐지겠지
피다 만 담배를 구겨 꺼버리듯 미련 없이 돌아서 가겠지만
그는 다만 나에게 아무것도 아니기를
열정이 바닥나 맨발로 그가 찾아온대도 나는 그저 시큰둥하겠지

그렇더라도
설령 그렇다 할지라도
금기의 마약 같은 허밍의 불씨를 지필 수 있다면
맑은 날에도 바람에서 나는 비의 냄새를 맡을 수 있겠지
불현듯,

먼지의 원무(圓舞)를 보는 일로 일생을 바칠 수도 있다

먼지는 말을 잘 듣는다
걸레를 사랑하지 않는 당신은 지시만 내릴 뿐이다
걸레만큼 훌륭한 스승은 없다
먼지의 마음을 걸레는 잘 알고 있다
단지 걸레와 빗자루 때문에 직장을 그만 둔 적이 있다
먼지와 사귀기 시작하면서 걸레와 빗자루를 사랑할 수 있었다
직장을 그만 둔 후 걸레와 빗자루 때문이 아니라
다만 지시가 싫었을 것이라고 어렴풋이 진단했다
먼지를 보고도 지나치지 않았더라면
먼지의 마음을 먼저 헤아렸다면
충분히 걸레를 사랑했을 것이다
걸레를 손에 들고 있다고 권위가 떨어집니까
나직이 속삭이는 먼지의 목소리를 듣지 못했다
나는 하늘의 춤을 가르치는 사람
우주의 훈계를 따르는 근로자
우주의 생명이 먼지로부터 탄생했다는 사실을 모르는가
하물며 화장실의 오물을 치우고 사무실의 온갖 허드렛일을 할 수도 있다

먼지를 쓸고 닦는다고 학위가 달아나고 직급이 닳아 없어지는 것도 아니다
먼지를 괄시하는 관료는 직무태만
가끔은 기침을 해대는 순간에 먼지는 경고장을 날린다
물러날 것인가, 대들 것인가
아니면 먼지의 글자로 당신의 내면을 읽을 것인가
먼지 앞에서 겸허해질 것인가
젖은 걸레를 빨아들이는 먼지의 친화력을 알까
걸레도 물을 좋아한다는 것을
때로는 먼지도 사라지고 싶을 때가 있다는 것을
정신이 과하면 육체를 소모해야 한다
운동이 아니고 노동이 필요한 것이다

화요일에 감사한다

화요일마다 문을 닫는 미장원
머리가 길어졌다
수줍음을 타게 되었다
귀걸이를 사서 모으기 시작한다

어느 날 음악이 내 생으로 들어왔다
새의 깃털이었을지도 모를 찢어진 종이들
혹은 물고기의 비늘이었을지도 모를 흩날리는 먼지들
달랑거리는 귀걸이 소리가 조신하게 울려퍼진다

음악을 듣는 동안 음계를 밟지 못하는 입술과
악기를 연주하지 못하는 손놀림의 결격사유와
불협화음의 발동작에 대하여 생각했다
당신을 생각하는 동안
몸 어딘가에 흐르고 있을 음악을 기다렸다

화요일에 감사한다
머리를 자르지 못한 화요일

긴 머리가 되었다
눈빛은 부드러워지고
처음으로 부끄러웠다
당신의 악기가
내 목소리가 웅웅 흥얼거린다

거울은 가을이다

아침이 온다고 창문이 환해지고 있다
대답하기 싫다
날씨가 좋다고 햇빛이 문틈으로 들어오고 있다
대답하기 싫다
벌써 가을도 완연해졌다고 단풍이 드는데
그래도 대답하기 싫다
빨래는 푹푹 썩어가고
따지 않은 고추는 곯아 짓물러지는데
대답하기 싫다
전화벨이 울려도 받기가 싫다
당신을 방관하는 사이
갑자기 배가 나오고
대답하기 싫다
어느 날 벼락부자가 되고
얼굴의 윤곽이 달라져 알아보지 못한다
나도 확 지워져버린다
상관없다
거울을 보자

심각하다는 말에
거울처럼 쓸쓸할 필요는 없다

나무의 기운

그늘에 방치하였던 나무를 곁에 두었다
잎사귀가 빳빳하게 살아났다
햇빛을 먹고 나무가 자라고 있다
나무는 햇빛이 필요했던 것

나무와 함께 잠을 잤다
방안이 환해졌다
뻗쳐오르는 나무의 기운이 전해졌다
나무는 관심이 필요했던 것

그늘에서 나무는 외로움을 앓고 있었다
나무가 옮겨오기 전
이 방도 영양결핍이었기는 마찬가지
나는 나무를 보고 자라고 있다

나무의 기운이 든든한 양분이 되어 주었으니
방에 나무가 필요했던 것
나에게도 관심이 필요했던 것

나무를 닮아보려고 애를 썼다
나무의 기운만으로도 절반이나 삶이 의연해졌다
절반만 닮을 수 있어도
절반만큼만 가까워져도 되었다

마른 잎이 떨어졌다
나무는 적당히 자라고 있다

주의사항

열흘 동안은 늙을 것이다
잠이 오지 않는 밤
차들은 밤새도록 머리 위를 달릴 것이다
흰 달은 눈동자 속에서
눈뜨고 지나갈 것이다
애인은 달아날 것이다
비행기 타고 배 타고
히말라야로
티베트로 숨을 것이다
땅이 꺼지듯 주저앉을 것이다
비가 쏟아질 것이다
열흘 동안은 허용되지 않을 것이다
질주의 순례를 마치고
하얗게 갇힐 것이다
열흘 동안은
열흘만 늙을 것이다

루드베키아

꽃을 꺾지 않았는데도 아름다움을 탐한 죄
금치산 같은 가혹한 형벌을 내려주었네
그런 줄도 모르고 터져버린 주머니에
훔친 빛깔을 연방 집어넣었네
내 것이 아니었던 것들
자꾸만 내게서 빠져나가 잃어버린 것 같아
이 세상에 적선한 셈 치는지 모르겠네
복용할 만큼의 햇빛 한 웅큼
빈혈 앓는 이마 위로 흐르고 있었네
남모르게 꽃피는 소리
내게 할당된 만큼만 들렸네
한참을 머무르다 향기에 취해 돌아오는 길
그리움의 통증 한층 더 무거웠네
저 꽃빛을 바라보던 아득함이 슬픔처럼 밀려오는지
한 세상 나는 게 저미는 듯 떨렸네
소리 없이 꽃 진 자리
벌써 파산한 혼령이 서 있네

오래전 당신은 새였다

오래전 나는 새였던 당신을 기억합니다
당신은 빈약한 내 둥지에 날아와
갈잎을 물어다 깔아주었습니다
그러자 우리의 보금자리가 황금빛으로 빛났지요
당신은 푸르른 날갯짓으로 둥지를 보호했고
나는 무고하고 안락한 생활에 흠뻑 빠져들었습니다
그러다 그만 당신은 예기치 못한 병을 얻고 말았지요
나는 당신 옆에서 아무런 손도 쓰지 못하고 몇 날 며칠을 보냈습니다
환하던 둥지는 어느 새 초라하게 변해갔고
당신은 열에 들떠 시름시름 앓았지요
당신의 몸은 불덩이처럼 타올랐습니다
당신이 흘린 땀으로 둥지의 밑바닥은 습지처럼 축축했지요
나는 그런 당신을 두고 깜박 잠이 들었습니다
그런데 이상한 일이었지요
꿈을 꾸는 내내 몸이 포근했답니다
깨어보니 오히려 아픈 당신이 나를 품어주고 있는 게 아니겠어요

따뜻한 피를 가진 당신,
오래전 당신은 새였던 것이지요

가문비나무의 눈빛을 발견했다

사라지는 것은 외로워하는 법을 모른다
연기는 연기를 그리워하지 않는다
능선에 가문비나무가 있다
누군가 투명한 이마를 문지르며 아고산대를 염려했을 것이다
가문비나무 사이로 차량 한 대가 지나간다
한때 나를 실어 나르던 차량번호와 똑같은, 1963
폐차도 파산도 탕진도 내가 버린 것이다
반쯤 꺾인 가지를 감싸 안은 뿌리는 지구의 중심 방향
반대 방향으로 서 있는 나무의 중력은 떠나려는 손 때문에 무겁다
가문비나무는 종종 내 얼굴의 행적을 살핀다
눈빛이 먼저라면 입술은 그다음에 일어난다
입술은 거짓말, 사랑이란 창백해서 시나브로 낡아가는 것
입술에 립스틱을 덧바르듯 립스틱 색깔은 진화를 거듭한다
빨간 립스틱은 최초의 입술 색소침착으로 탄생한 것인지도 모른다
결국 사랑은 멜라닌을 망치는 것이다
어제를 다그치는 주름 많은 내일에게 노을이라는 단풍이라는

  태양과 엽록소의 색소침착 같은 눈빛에 반했다면 오늘은 풍비박산이다
  옹달샘 위에 동동 떠 있는 표주박 같은 시절은 탱글탱글하기만 하다
  한대성 기후에는 바늘을 꽂은 뾰족한 잎이 아니라 구부러진 능선이 문제가 되리라
  선홍빛 입술은 반짝이다 어디로 갔나
  저 눈빛도 이내 물들였으나 더 이상은 흔들리지 않을 것이다

소리 피는 나무

죽어가고 있는 나무를 본 적이 있다
등산로 가파른 가장자리에 눈에 띄게 서 있던 나무는
오를 때는 오르막쯤에서
내려올 때는 내리막쯤에서
죽어가고 있는 모습조차 잘 보였다
비스듬히 서 있는 죽어가는 나무를 바라보며 몸이 기울어졌다
어떤 간절함이 나무 앞에 나를 오래도록 붙들었다
어떻게 나무는 내 간절함을 전달했을까
누군가의 손길이 나무에게 닿았다
나무에게 간절함을 전달받은 사람은 나무 한 그루를 살렸다

공원 주차장 옆 산책로에 죽은 나무가 서 있다
뽑혀지거나 말라버리다가 언제 푹 꺼져 자취를 감출지 알 수 없는
죽은 나무를 지나칠 때 내 속에 먼지 같은 것이 혹 일어났다 사라지기도 했다
얼마 전까지 죽은 나무는 새떼들이 꽃처럼 매달려 소리를 피우던 새들의 성지였다

새들의 영혼이 깃든 나무를 못내 부러워하기도 했었다
나무의 영혼을 탐하던 마음을 알아채기라도 했던 걸까
새들은 나무의 영혼을 물고 어디로 날아간 것일까
죽은 나무를 살릴 수는 없다
공원의 나무는 죽었다
어디에서도 소리 피던 나무의 간절함을 들을 수는 없다

비가 오면

비가 온다
비가 오면
외롭다는 사람 있지
비가 오면
생각나는 사람 더욱 생각나는

비가 오는 날은
아무 데도 나가지 말아야 해
집안에 갇혀서 붙들어 매야 해
생각나는 사람 바깥으로 튀어나오지 않도록
아무 데도 아무 데도 나가지 말아야 해

비가 오는 날은
비가 오는 날은
아무것도 아무것도 생각나지 말아야 해

비가 오면
비가 오면

생각이 비처럼 내리지
그 사람이 마구 뛰어들어와
생각이 나서 비가 내리지

비가 온다
비가 오면
빗속에 갇혀 버리지
생각이 멈추지 않아
비가 그치지 않아
당신이 떠날 줄을 모르지

12월

당신을 두 번밖에 만나지 못했다
쉽게 저녁이 오고
어깨가 자주 아팠지만 날개는 돋지 않았다

잘 지내느냐는 안부는 쉽게 하는 것이 아니다
각질처럼 휘날리는 희끗희끗한 눈발에 바람도 쉽게 부러진다

쉽게 낙엽이 지고 쉽게 눈이 내리고
깡마른 계집아이의 웃음으로
누구에게도 이름이 붙여지지 않는 낱장의 계절

햇빛이 그리운 날이 있다
역광으로 오는 나무의 그늘이 찬물처럼 시리다

해설

사랑의 시니피에를 찾아서

이형권(문학평론가)

1. 세상에 없는 사랑을 찾아서

이은유 시인은 시적인 이름을 가졌다. 시는 은유의 몸으로 살아가야 하는 존재이므로, 그녀의 이름은 시의 본성을 직접적으로 지시한다. 시가 은유라는 사실을 가장 감동적으로 보여주는 영화의 한 장면이 있다. 〈일 포스티노〉에서 칠레의 시인 네루다는 시골 우체부 마리오에게 "온 세상은 다 무언가의 은유이다"라고 말한다. 네루다로부터 이러한 은유의 본질을 배운 마리오는 "그대의 미소는 그대 얼굴에 나비처럼 번져요."라는 시구를 지어 평소 짝사랑하던 여인 섬 처녀 베트리아스의 마음을 사로잡는 데 성공한다. 시골 우체부 마리오는 은유의 힘으로 한 여인의 마음을 움직여서 사랑의 기적을 이루어낸 것이다. 마리오에게 은유는 사랑의 기적을 가능케 하는 마법에 해당한다.

마리오의 러브 스토리에서 우리는 은유와 사랑의 유사성을 발견할 수 있다. 은유는 하나의 대상(tenor)을 다른 대상(vehicle)에 빗대어 표현함으로써 둘의 의미를 겹치고 다른 의미를 덧대어 의미의 확장을 꾀하는 수사적 표현이다. 사랑 역시 한 사람이 다른 사람과 마음을 합치고 덧대어 더 크고 깊은 마음으로 나아가는 일이다. 은유가 두 대상의 단순한 합계 이상인 것처럼, 사랑 역시 두 사람의 평면적 결합 이상이다. 또한 은유가 일상적 언어가 지니는 한계를 극복하기 위해 이상적 언어를 탐구하는 것이라면, 사랑은 일상생활이 지니는 한계를 넘어서기 위해 이상적 관계를 추구하는 것이다.

그러나 이상적 관계로서의 사랑은 이 세상에 없다. 라깡이 '완벽한 사랑은 없다'라고 했듯이 세상에 존재하는 사랑은 모두 불완전하다. 그럼에도 불구하고 사람들은 끝없이 사랑을 추구하면서 살아간다. 사랑의 불완전성 때문에 오히려 사람들은 더 열정적으로 사랑을 갈망한다. 이런 사랑의 속성은 시인이 완전한 은유를 찾기 위해 시를 쓰는 일과 다르지 않다. 불완전한 은유를 통해 세상 너머의 이상 세계를 꿈꾸듯이, 불완전한 사랑을 통해 사랑의 시니피에를 찾아나서는 것이다. 사랑이나 은유가 누군가에 의해 이미 완성되었다면 사람들은 그토록 오랜 동안 시를 쓰고 사랑을 하지 않았을 것이다.

이은유는 이 세상에 완전한 사랑, 완전한 은유가 없다는 사실을 누구보다도 민첩하게 간파할 줄 아는 시인이다. 이 시집에 빈도 높게 드러나는 사랑의 결핍과 충족 욕망은 인생의 진실을 간파한 사람만이 간직할 수 있는 성찰의 결과이다. 그의 시 「햇빛의 말을 들었다」에서 "그날 햇빛의 말을 들었다/각도를 달리하며 내리꽂히는 말들/햇빛의 수다에 귀가 따가웠다"는 고백이나, "서서히 실어증 걸린 시간들이 몸 푸는 소리를 냈다"는 고백은 시를 통해 그러한 진실을 발견했다는 말과 다르지 않다. 하여 이은유 시인의 시 쓰기는 사랑의 진실을 듣지도 말하지도 못했던 귀머거리, 벙어리에서 탈출하는 일이다.

2. 사랑의 시니피에와 이별의 미완성

1) 현실의 결핍과 상처

인간이 사랑을 열망하는 이유는 운명에 드리운 결핍 때문이다. 타자의 결핍은 다른 말로 표현하면 고독이라고 부를 수 있다. 단독자로서 태어난 인간은 근본적으로 고독한 존재로 살아갈 수밖에 없다. 인간이 고독을 극복하기 위해 가장 먼저 찾아 나서는 것은 사랑이다. 사랑은 궁핍한 현실을 살아가는 동안에 서로를 위무하고 수용하면서 풍요로운 삶을 지향하게 해주기 때문이다. 결핍이 없는 사람―정확히 말하면 결핍이 없다고 생각하는 사람―은 사랑을 원하지 않는다. 따라서 자신의 생에 드리워진 결핍을 인식하는 것만으로도 그(녀)는 사랑을 할 수 있는 조건을 갖춘 사람이다.

> 절벽 위에 핀 꽃을 보았다
> 처음에 꽃에 이끌려 가까이 다가갔을 때
> 그 꽃이 절벽 위에 피었다는 것을 알지 못했다
> 향기도 없는 꽃이 내뿜는 어떤 아름다움 때문이었는지
> 아찔한 그 무엇이 나를 그곳까지 이끌었는지
> 정작 향기는 돌담의 옥잠화에서 풍겨왔는데
> 그 꽃은 절벽이 새겨놓은 정신의 열매였을까
> …(중략)…
> 바닥을 쳐야만 절벽에 닿을 수 있다는 것을
> 절벽 위에 핀 꽃이 멀어지고 있을 때에서야 알았다
> 채워지기 위해 바닥은 드러난다
> 나는 빈 몸이 되었다
> 땅을 쳐야 비로소 절벽이 세워진다는 것을
> 모든 것을 잃고 바닥이 되어서야
> 꽃이 지고 난 후 나중에서야 알게 되었다
> ―「절벽」부분

이 시는 "절벽 위에 핀 꽃"을 보면서 사랑의 주체인 "나"의 결

픔을 성찰한다. "나"는 그동안 "꽃이 절벽 위에 있다는 것을 알지 못했다"고 한다. 화자는 "절벽 위에 핀 꽃"을 보기 전까지 "꽃"은 비옥한 평지에서 피어나는 존재라고 생각했을 터이다. 온실 속의 꽃을 떠올렸을 수도 있다. 이때 "꽃"은 인간이 추구해야 하는 어떤 정신적 가치를 의미하는 것이다. 그것은 정의, 의리, 민주, 평등과 같은 사회적 가치일 수도 있고, 사랑, 순수, 믿음, 아름다움과 같은 실존적 가치일 수도 있다. 이 글의 문맥상 사랑을 상징하는 것으로 읽어보면, 이 시의 "꽃"은 사랑의 본질에 대한 어떤 깨달음을 전해준다. 사랑이 "절벽에 새겨놓은 정신의 열매"라는 인식, 즉 사랑은 절망적인 상황을 역설적으로 극복한 뒤에 성취해내는 아름다움이라는 인식에 도달한 것이다.

그런데 이러한 인식이 낙화 이후에 이루어진다는 점에 주목할 필요가 있다. 시에 의하면 낙화는 "땅을 쳐야 비로소 절벽이 세워진다는 것"이고 "모든 것을 잃고 바닥이 되"는 일이다. 이것은 사랑의 역설적 의미를 드러낸다. 낙화는 꽃을 바닥에 떨어뜨리는 일일 터, 새로운 꽃의 개화는 이전 꽃의 낙화를 전제로 하는 일이다. 한 송이 꽃을 피우기 위해서는 이전의 꽃이 바닥을 쳐야 하듯이, 온전한 사랑을 이루기 위해서는 온갖 현실의 욕망을 바닥에 내려놓아야만 한다. "나는 빈 몸이 되었다"고 말할 수 있어야 하는 것이다. 상대방을 소유하려는 욕망, 자기를 우선시하는 이기적 욕망을 마음의 바닥에 내려놓지 않으면 사랑을 이룰 수 없다. 이 시의 "절벽에 핀 꽃"은 이런 의미에서 현실의 결핍을 딛고 피어난 위대한 사랑의 꽃이라고 보아도 무방하다.

그런데 진정한 사랑은 상대방의 결핍을 인식하는 데서 이루어진다. 사랑은 항상 상호성 속에서 이루어지는 관계의 형식이기 때문이다.

> 당신은 하늘에 번지는 노을처럼 빛이 스러지는 해거름 모습을 닮았습니다
> 시퍼런 멍이 철썩이듯 부딪치고 돌아가는 물보라에도 핏자국 선연히 드러낸 당신의 붉은 가슴
> 물이 빠져나가면 황토 같은 밑바닥이 드러납니다
> 그때 당신은 더욱 더 붉어진다 했던가요
> 얼마나 그리워해야 저리도 붉어질 수 있을까요
> 당신의 가슴은 처음부터 붉은색이었을까요
> …(중략)…
> 당신은 이제 바닥까지 붉어졌습니다
> 밀려왔다 쓸려나가는 파도는 당신을 곤궁하게 만듭니다
> 얼마나 궁핍해져야 지금처럼 붉어질 수 있는 걸까요
> 뜨겁게 달아오른다는 말이 가난하다는 말과 비슷했었나 봅니다
> 멀리서든 가까이에서든 얻지도 구하지도 못하는 궁핍한 시대에
> 당신의 붉은 가슴을 보고 돌아서 가야겠습니다

―「적벽강」 부분

　위 시는 "적벽강"의 붉은 강바닥을 보면서 "당신"의 "궁핍"을 떠올리고 있다. "당신"은 "노을처럼 빛이 스러지는 해거름 모습을 닮았"다고 한다. "당신"은 희망이 가득한 아침 햇살이거나 정오의 열정적인 햇빛의 모습이 아니라 사라져 가는 "노을"빛의 모습이라고 한다. 그런데 그러한 붉음에 대하여 "얼마나 그리워해야 저리도 붉어질 수 있을까요"라고 묻는다. 또한 "얼마나 궁핍해져야 지금처럼 붉어질 수 있는 걸까요"라고도 묻는다. 이들은 질문이라기보다는 대답에 가깝다. "적벽강"의 붉은 색감은 사랑을 향한 열정을 표상하는 것으로서, 그러한 열정에 도달하기까지는 지독한 그리움과 궁핍이라는 조건이 필요하다는 것이다. 이런 인식의 바탕에는 "뜨겁게 달아오른다는 말이 가난하다는 말과 비슷"하다는 생각이 깔려 있다. 마음의 "가난"이라는 결핍이 사랑을 향한 열정의 기반이 되는 셈이다.

2) 사랑의 열망 혹은 매혹

　나와 너, 사랑의 두 주인공이 결핍 속에서 살아가고 있다면, 그 결핍을 충족하기 위해 사랑에 대한 열정을 가지지 않을 수 없다. 이은유 시에서 사랑의 동기는 현실의 결핍이고 그 동력은 사랑의 열망이다. 현실의 결핍을 넘어서기 위해 낭만적 사랑에 대한 열정, 아니 사랑의 낭만에 대한 열망을 간직한다.

    무작정 달려가고 싶은 이가 있었으면 좋겠다
    아무 때나 그를 향해 마구 마구 치달았으면 좋겠다
    책을 읽다가 책장을 덮어 팽개쳐버리거나
    꾸역꾸역 밥을 먹다가 밥숟가락을 내던지고
    느닷없이 차를 몰고 가거나 밤기차를 타고 가
    자고 있는 그를 불러내 대책 없이 매달리고 싶다
    그러나 아무런 준비 없이 나를 맞이한
    부스스한 머리 모양을 하고
    집에서 입고 있던 허름한 옷을 그대로 입고 나와
    눈곱을 떼어내려고 눈을 비비대는 그를 보고 실망도 하겠지
    내 마음엔 얼마나 많은 허공이 둥둥 떠다니는지 참혹하게 느끼겠지
    한밤중이나 새벽녘에 전화를 받던
    갈라진 목소리가 떠올라 몸서리도 쳐지겠지
    피다 만 담배를 구겨 꺼버리듯 미련 없이 돌아서 가겠지만
    그는 다만 나에게 아무것도 아니기를
    열정이 바닥나 맨발로 그가 찾아온대도 나는 그저 시큰둥하겠지
    그렇더라도
    설령 그렇다 할지라도

금기의 마약 같은 허밍의 불씨를 지필 수 있다면
   맑은 날에도 바람에서 나는 비의 냄새를 맡을 수 있겠지
   불현듯,

   　　　　　　　　　—「몹쓸 연애」 전문

 이 대책 없는 낭만주의는 어디에서 오는가? 사실 낭만주의는 원래 현실에서의 대책이 없는 것이 당연하다. 현실적 대책이 있다면 그것은 낭만주의가 아니라 현실주의이다. 사랑의 시니피에를 찾아나서는 일은 지난한 일이어서 그것을 향해 "무작정 달려가고 싶은" 열망, "아무 때나 그를 향해 마구 마구 치달아" 가려는 열망이 없으면 불가능하다. 물론 이 강한 열망이 사랑의 대상인 "그"를 만나면 다소 약해질 수도 있을 터이다. 갑작스럽게 호출당한 "그"의 "부스스한 머리 모양"이나 "허름한 옷"이나 "눈곱"에 실망을 하기도 한다. 그러나 "나"는 사랑을 완전히 포기하지는 않는데, 이것이 바로 대책 없는 낭만주의자의 모습이다. 비록 상대방이 실망스러울지라도 "허밍의 불씨" 같은 사랑의 불씨를 피우고자 하는 열망이 완전히 사라지는 것은 아니다. 사랑은 이처럼 상투적인 현실의 논리를 벗어나 시도 때도 없이 "불현듯" 빠져들고 싶은 대책 없는 낭만의 일종이다.

 어떤 상황에서도 끝내 사랑을 포기하지 않는 낭만주의자의 사랑은 위대하다. 그런데 이은유 시에서 사랑에 대한 열망이 반드시 사적인 감정의 차원에서만 발휘되는 것은 아니다. 때로는

역사적 상상력의 차원과 결합하기도 한다. 어떤 경우이든 사랑은 치명적으로 매혹적인 것이다.

>시대의 풍운아 김옥균과 기생 명월이의
>가슴 아픈 사랑이 전하는 곳,
>청풍정
>그곳에는
>속절없는 세월도
>애끓는 사랑이 된다지
>
>혁명은 외로운 것,
>절벽 아래 몸 던지고
>망명길에 오르고 싶을 만큼
>절절이 가슴 시린 날 있거든
>청풍정에 가보라지
>
>누구나 이룰 수 없는 사랑 하나쯤 있어
>푸른 바람에 붉은 울음 쏟아내고야 말 거라네
>물이 만수위에 이를 때는
>물빛이 애타게 끌어당겨 빨려 들어갈 것 같은
>청풍정
>
>그곳,

청풍정에 가서는
눈물이 확 차올라
누군가와 눈이 마주치거나
누군가가 말을 걸어온다면
간절한 손길에 이끌려
치명적인 유혹에 빠져버리게 될 거라네
　　　　　　　　　　　　　―「청풍정 연가」 전문

　"청풍정"은 "김옥균과 기생 명월이"의 "가슴 아픈 사랑"의 사연으로 유명한 곳이다. 충청도의 대청호 주변에 있는 "청풍정"에서 화자가 생각한 것은 현실에서의 고난을 위무해주는 사랑의 힘이다. 김옥균은 갑신정변이 삼일천하로 끝나자 연인이었던 명월이와 함께 "청풍정"으로 피신을 했다고 한다. 명월이는 의기소침해 방황하고 있는 김옥균을 보고 그것이 자기 탓이라고 여기고, 김옥균에게 큰 뜻을 펼치라는 유서를 써놓고 스스로 목숨을 내놓았다고 한다. 화자가 여기서 주목하는 것은 위대한 사랑의 힘이다. 불운한 정치 혁명가를 끝까지 사랑했던 여인 명월이는 사랑의 혁명가라고 할 수 있을 것이다. 현실에서 "이룰 수 없는 사랑"을 죽음으로 완성했으니 사랑의 혁명가가 아닐 수 없다.
　하여 "청풍정"은 사랑과 혁명의 흔적이 살아 숨 쉬는 곳이다. 그래서 그곳에서는 사랑의 유혹에 빠져들 수밖에 없어서 "누군가 말을 걸어온다면/간절한 손길에 이끌려/치명적인 유혹에 빠져버리게 될 거"라고 한다. 이토록 간절한 사랑의 열망에도 불구하고 사랑은 항상 부재중이다. 아니 정확히 말한다면 완전한 사랑은 사랑이 항상 부재중이어서 그것을 향한 열정이 생겨난다.

> 햇빛은 남쪽으로 기울고 바람은 북방으로 불었지요
> 햇빛이 기우는 동안 그곳에는 꽃이 피었다지요
>
> 남쪽과 북방 사이의 거리는 새들이 날아간 자리
> 나비의 날개와 새의 젖은 깃털처럼
> 햇빛과 바람 사이는 멀기만 한데
> 내게 꽃은 아직 피지 않았으므로 일부러 불을 놓았지요
> 봄꽃이 피어나도록 불꽃을 피워 올렸지요
>
> 불길에 북방의 날씨는 따뜻해졌을까요
> 불꽃과 봄꽃 사이 남쪽과 북방의 거리는 가까워졌을까요
>
> 나는 기억할 것입니다
> 불길이 일어나는 동안 그곳과 이곳 사이
> 하역의 당신으로부터 여기까지
> ―「그곳과 이곳 사이」 전문

이 시의 시상은 기본적으로 이항대립의 구조를 형성하고 있다. "북방"과 "남쪽", "그곳"과 "이곳", "당신"과 "나"가 그것이다. "북방"인 "그곳"에는 "당신"이 있고, "남쪽"인 "이곳"에는 "나"가 있다. 그리고 "북방"에는 겨울 "바람"이 불고 "남쪽"에는 봄의 "햇빛"이 비춘다. 이들 둘 "사이의 거리는 새들이 날아간 자리"처럼 휑하게 공백으로 남아 있다. 당신이 부재하는 이곳은 봄이 다가왔는데도 꽃이 피지 않는다. 사랑의 공백, 생명의 공백 때문이다. 그런데 정작 화자가 염려하는 것은 "남쪽"인 "이곳"이 아니라 "북방"인 "그곳"이다. 그래서 화자는 발칙한 상상을 한다. "일부러 불을 놓아"서 "불꽃"을 피워 북방으로 온기를 보내 사랑의 "봄꽃"을 피우게 하고 싶다고 한다. 부재하는 사랑을 향한 열망이 "불길"처럼 타오르는 것이다.

사랑의 부재 혹은 결핍에 대한 인식은 이 시집에서 빈도 높게 드러난다. 시적 화자는 보통 "당신을 풍세에 두고/결정적으로 낙엽은 손에 들고 오는"(「하관이 닮은 사람」) 사람이다. 인간은 "낙엽"처럼 떨어진 사랑만을 간직하고 살 수밖에 없는 존재인 것이다. 이러한 부재 때문에 사랑은 상처와 슬픔과 고통을 동반한다. 이를테면 "당신을 읽은 그 후부터/당신이 나를 쓴 그 순간부터/슬픔이 들어와 버린 걸요"(「인연」) "저 눈발들은 서러운 눈물이 되겠죠/흰 눈은 되지 못하겠죠/당신을/가질 수는 없겠죠"(「괜찮아」)와 같은 시구들이 그 증거이다.

3) 순간의 만남과 이별의 미완성

그렇다면 사랑은 한순간도 현실 속에 현현하지 않는 것인가? 그렇지는 않다. 사랑의 시니피에는 잠깐 동안 그 형상의 실루엣을 보여주곤 한다. 이은유 시에서 그것은 종종 햇빛, 특히 저녁 햇살로 표상되곤 한다. 특히 이 시집에서 사랑은 자연의 아름다움이나 건강성이나 햇빛과 같은 속성을 지닌다. 햇빛은 인간의 삶과 자연의 생명을 존재케 하는 궁극적인 원천으로서 필수불가결한 에너지이다. 사랑도 햇빛과 마찬가지로 고독으로 얼룩진 인간의 심연을 밝게 비추어 비로소 인간답게 살아가게 하는 마음의 에너지이다. 그러나 햇빛이든 사랑이든 그것은 현상 너머에 존재하는 그 무엇이다. 밤이 되면 햇빛이 보이지 않지만 어둠의 뒤편에는 햇빛이 분명 존재하듯이, 현실에서는 사랑이 보이지 않지만 인간의 마음 깊은 곳에는 언제나 사랑이 존재한다. 그 사랑은 태양을 바로 볼 수 없는 것처럼 순간적으로만 언뜻 보이고 사라진다. 이런 맥락에서 햇빛은 순간적 가상으로만 존재하는 사랑하는 사람의 모습을 표상하기도 한다.

> 그대를 찾아 바람 앞에 서성거릴 때
> 멀리서 햇빛은
> 푸른빛이었다가 붉은빛이었다가
> 후박나무 잎사귀로 왔다가

산수유 열매에 맺혔다가
모르는 척 내 옆을 스쳐 지나갔지

그림자 어룽거리는 그 가느다란 떨림은
히말라야시다 향기처럼
마른 국화향기처럼 번지는
당신의 뜨거운 입김이었지

어느 고른 숨결에 호흡할 수 있을까
가슴 시린 한 마디
석양 위를 날아가는 새처럼
그대가 있어 오래 오래 아파야 하겠지
몇 날 며칠을 그리워하며
우리는 또 그렇게 살아가겠지

그대에게 향하는 낮은 속삭임이려니
빛이 스러질까봐
붉은 입술 깨무는 저물 무렵
당신의 눈빛이 지고 있었지
―「저물 무렵, 격포」 전문

"그대" 또는 "당신"은 사랑의 대상이다. 화자는 "저물 무렵, 격포"를 배경으로 현재 부재하는 "그대"를 찾아 나서고 있다. 그때 화자의 눈에 들어온 것은 "햇빛"의 다양한 모습이다. 저녁 어스름의 "햇빛"은 "푸른빛이었다가 붉은 빛이었다가" "모르는 척 내 옆을 스쳐 지나"가고 있다. 그런데 "후박나무 잎사귀"나 "산수유 열매"를 스치는 "햇빛"의 "가느다란 떨림"을 "당신의 뜨거운 입김"이라고 느낀다. 물론 이 느낌은 실제적인 것이 아니라 가상적인 것이다. "당신"은 여전히 부재하는 존재이기에 화자는 "그대 있어 오래 오래 아파하"면서 "몇 날 며칠을 그리며 살아가"야 하는 존재이다.

그러나 "그대"는 비록 "햇빛"을 통해 가상적으로만 느껴볼 수 있을지언정 화자에게 너무도 소중한 존재이다. 하여 마지막 연에 드러나듯이 화자는 "햇빛"을 "그대의 눈빛"으로 느끼며 그 "빛이 스러질까봐/붉은 입술을 깨무는" 것이다. 이처럼 이 시는 부재하는 사랑에 대한 부단한 갈망은 인간의 본성 가운데 하나임을 드러낸다. 사랑의 대상을 "저물 무렵"의 "햇빛"으로 상상한 것은 아주 흥미로운 시적 설정이다. 저녁 시간에 짧게 머물다 사라지는 "햇빛"을 사랑의 가상적 대상으로 설정함으로써 부재하는 사랑에 대한 갈망을 효과적으로 보여주고 있는 것이다. 다른 시에서도 사랑은 "늘 어긋나 있"어서 "이미 늦은 저녁이 와서 새들이 상처를 물고 가고/어스름은 꽃물처럼 번져 나에게만 머물 뿐/나는 그대에게 가지 못합니다."(「낯선 풍경」)라고 규정된다.

부재하는 대상마저 순간적 가상으로 만날 수 있다는 것, 그것은 그만큼 사랑에 대한 열망이 크다는 것을 의미한다. 사랑은 실제의 현실 속에서는 부재하거나 불완전하더라도 그 실재는 항상 존재한다. 진정한 사랑은 이별 이후에도 사라지지 않는다. 완전한 사랑이 없듯이, 사랑이 진공상태에 이르는 완전한 이별도 없다.

    몸에 새겨진 숫자를 지우기 위해
    식물성이 되기로 한다
    질기고 단단한 육질을 씹다가
    대기권 밖으로 밀려난 적이 있다
    시무룩하게,
    고작 열을 세지 못했지만 완성되지 못한 불운한
    지구에서 가장 거대한 숫자 10
    통로가 비좁은 계단에서 일곱 번째 인사를 나누고
    새들은 돌아오지 않고
    가파른 골목에서 여덟 번째 저녁이 오는 동안
    난간의 고양이는 여름 사냥에 나선다
    계절이 바뀌는 것은 동물성을 선호하기 때문이다
    새들이 날아간 하늘 뒤편으로 날은 어두워지고
    큼큼거리는 고양이의 발자국 소리 위로 비린내가 깊어가
는 밤,
    햇빛과 바람으로 떠오르는 동안
    달콤한 미각이 일순간 사라져
    계절이 지나간다면

열 번째까지 동물성을 피하기로 한다
만나는 순간 이별이 와서 가을부터 봄까지
후생을 기약하기에
아직 이별은 완성되지 못했으므로
여름이어도 겨울이어도 언제나 뿌리처럼
식물로 흘러가리라
—「식물성 약속」 전문

 사랑은 "동물성"을 지양하고 "식물성"을 지향하는 속성을 지닌다. "몸에 새겨진 숫자를 지우기 위해/식물성이 되기로 한다"는 것은 사랑의 가변성과 관계 깊은 "동물성"을 지양하겠다는 것이다. 화자는 "계절이 바뀌는 것은 동물성을 선호하기 때문"이라는 점을 인식하고 있는 것이다. 이 가변성 때문에 "지구에서 가장 거대한 숫자 10"이 완성되는 것은 불가능하다. 사랑이 반복되어도 그 완전한 형식인 "10"에 이르지는 못한다. "10"점 만점에 "10"점인 사랑은 이 세상에 없다. 그리하여 현실에서의 사랑은 결국 "만나는 순간 이별"을 전제하는 속성을 지닐 수밖에 없다. 중요한 것은 그러한 "이별"을 연기(延期)하는 것, 그것만이 현실에서의 사랑을 하는 가장 현명한 방식이다. "아직 이별은 완성되지 못했"다는 것은 그러므로 아직 사랑이 끝나지 않았다는 말과 다르지 않다.

3. 사랑의 시니피앙들

 그렇다면 이 시집은 오로지 사랑만을 노래하고 있는가? 물론 아니다. 이 시집은 다양한 층위의 주제의식을 보여주면서, 그 외양도 산문시적 행태로부터 단형 서정시 형태까지 나타나고 있다. 자연의 위대한 원리를 발견하는 시, 인생을 깊이 성찰하는 시, 일상의 비루함을 반성하는 시, 현상을 심미적으로 감각하는 시 등이 다양하게 분포되어 있다. 다만 이 시집을 전체적으로 아우르면서 가장 빈도 높게 나타나는 테마가 사랑이기 때문에 사랑시를 초점화하여 살펴보았을 뿐이다. 요컨대 이은유 시인에게 사랑은 삶의 은유이자 시의 은유이다. 그녀에게 사랑과 시는 모두 타자를 품어 안거나 타자와 길항하면서 인생의 깊이와 넓이를 더해준다는 점에서 은유의 원리와 일치한다. 이 시집에서 시와 사랑은 서로 원관념이자 보조관념의 역할을 하면서 인생의 속곳을 깊이 파고든다.
 이은유 시인이 사랑의 언어를 말하고 듣고자 하는 욕망은 현실의 결핍에서 비롯된다. 인간이 살아가는 현실 속에는 절대적인 사랑이 존재하지 않는다. 현실은 사랑이 결핍된 곳이다. 일평생을 살아가면서 이런저런 사랑을 부단히 시도하며 살아가지만, 그것은 완전한 사랑에 이르고자 하는 열망의 제스처에 불과하다. 삶은 세상에는 없는 단 하나의 사랑하는 사람을 찾기 위한 방황의 연속이다. 인간 세계에서 사랑과 이별이 잦은 것은 인간이 근본적으로 속물적 욕망에서 완전히 자유로운 사랑을 할 수 없기 때문이다. 먼 산의 무지개를 잡으러 산 위에 올라간들 그것을 손에 잡을 수 없는 것처럼, 절대적인 사랑은 언제나 인간의 현실에서 먼 곳에 존재하기 마련이다.

이 시집에는 "너와 나의 관계는 가까워질수록 높아진다"(「태양의 애인」)는 시구가 있다. 그것은 마치 숲속의 나무가 굵어지면서 다른 나무와의 거리가 가까워지는 것을 연상시킨다. 그렇게 가까워지는 것은 동시에 나무의 키가 하늘을 향해 성장해 나가는 것과 동시적으로 이루어진다. "가까워질수록 높아진다"는 것은 그러한 의미이다. 그리고 이것은 이은유 시인이 말하고 싶어 하는 사랑의 속성과 관계 깊다. 하늘에 떠 있는 태양이 완전한 사랑이라면 나무들이 성장을 통해 하늘을 향해 나가는 것은 현실의 사랑이다. 나무가 아무리 태양 아래서 성장을 한다고 해도 태양에 도달할 수는 없는 것처럼, 인간이 현실에서 아무리 사랑을 한다고 해도 완전한 사랑에는 이를 수가 없다고 보는 것이다.

절대적인 사랑의 시니피에를 향한 현실의 사랑은 다양한 버전으로 구체화되는 시니피앙들이다. 세상에 존재하는 무수한 사랑들은 모두 절대적인 사랑을 향한 영원한 열망을 간직한다. 그 열망이 현실에서는 실현될 수 없음을 알면서도 인간은 사랑을 포기할 수 없다. 인간이 존재하는 한 단 하나의 이상적 사랑을 향한 현실의 사랑을 계속 이어 나갈 수밖에 없다. 사랑의 시니피에를 향한 시니피앙들은 인간을 인간답게 해주는 필요조건이기 때문이다. 하여 사랑이 비록 순간적이고 불완전하거나 슬픔과 고통으로 얼룩질지라도 끝내 포기할 수 없는 것이다. 이은유 시인, 아니 세상의 모든 시인들은 그러므로 앞으로도 계속 사랑의 시니피에를 찾아 방황할 것이다. 사랑의 시는 그 시니피에를 찾기 위한 시니피앙들의 한없는 미끄러짐 속에 존재할 수밖에 없는 인간의 운명을 담아낸다. 인간적인, 너무도 인간적인 사랑의 시니피앙들을!

이 도서의 국립중앙도서관 출판시도서목록(CIP)은 서지정보유통지원시스템 홈페이지(http://seoji.nl.go.kr)와 국가자료공동목록시스템(http://www.nl.go.kr/kolisnet)에서 이용하실 수 있습니다.(CIP제어번호: CIP2015017820)

시인동네 시인선 035

태양의 애인

ⓒ 이은유

초판 1쇄 인쇄　2015년 7월 24일
초판 1쇄 발행　2015년 7월 30일

　　지은이　이은유
　　펴낸이　고영
　책임편집　이현호
　　디자인　헤이존
　　펴낸곳　문학의전당
　출판등록　제311-2012-000043호
　　　주소　서울시 은평구 연서로11길 7-5 401호
　　편집실　서울시 마포구 마포대로 127, 413호(공덕동, 풍림VIP빌딩)
　　　전화　02-852-1977
　　　팩스　02-852-1978
　　　블로그　http://blog.naver.com/mhjd2003
　전자우편　sbpoem@naver.com

　　　　ISBN　979-11-86091-44-9　03810

＊이 책의 판권은 지은이와 문학의전당에 있습니다.
＊양측의 서면 동의 없는 무단 전재 및 복제를 금합니다.
＊잘못 만들어진 책은 바꿔드립니다.